PRÉCEPTES POLITIQUES

A L'USAGE

D'UNE MONARCHIE.

N° IV.

SUITE DU CHAPITRE Ier.

MOYENS DE PARVENIR DANS UNE MONARCHIE.

Tout chemin mène à Rome.

FAVEUR

PAR LE CONTRE - COUP DU CRIME.

La morale douce et relâchée
Tombe avec celui qui la prêche.
LA BRUYÈRE.

DAMIS, d'une famille distinguée, conspire et se révolte contre son souverain légitime; il entre dans les rangs des factieux, en devient un des plus zélés partisans, compose,

signe, fait imprimer et afficher des proclamations incen-
diaires; il séduit et corrompt le régiment qu'il commande,
et une partie de ceux qui sont en garnison avec le sien; il
emploie son autorité, son influence et la généralité de ses
moyens en faveur de la rébellion; les armes à la main,
il attaque et poursuit les troupes restées fidèles à leurs devoirs; enfin il prodigue ses soins, son courage et tous ses
efforts pour renverser les institutions de son pays et les
remettre sous la puissance des révolutionnaires. Les insur-
gés sont vaincus, DAMIS est prisonnier, condamné par un
tribunal légal, et mis à mort, comme atteint et convaincu
du crime de *félonie* au premier chef.

Dans l'âge viril d'une nation, qui se laisse encore dominer
par l'opinion unanime des caractères fermes et bien in-
tentionnés, le public ayant trouvé que le crime de DAMIS
était juridiquement prouvé, et son exécution parfaitement
légale, on eût applaudi aux succès de la justice. On n'eût
point songé à transformer cette condamnation en papiers
de famille, dont le CONTRE-COUP DE SON CRIME donnerait
à ses parens des droits qui ne seraient point contestés, pour
obtenir des grâces et des préférences sur ceux avec lesquels
ils étaient en concurrence, mais qui, par malheur pour
eux, n'avaient à présenter dans leur génération présente
personne de leur nom, *justement supplicié*, pour appuyer
leur demande et entraîner en leur faveur les bonnes dis-
positions du ministre.

Mais chez un peuple partagé en scélérats et *en âmes sensibles*, on ne s'apitoie pas sur la dupe, mais sur le fripon
que l'on punit; non pas sur le volé, mais sur le voleur; non
pas sur le créancier trop confiant, mais sur le débiteur de

mauvaise foi ; si quelqu'un est tué, on excuse l'assassin et l'on incrimine le mort ; on ne manque pas de dire : Il était aussi trop violent.... Il ne ménageait pas assez ses domestiques..... Pourquoi fréquentait-il cette maison?..... Pourquoi portait-il son argent sur lui?..... Pourquoi se retirer si tard ?...... Et pourquoi tant de sévérité pour des étourdis, et tant d'indulgence pour des criminels? Parce que avant tout on doit faire parade de sa *sensibilité*, et que l'honnête homme n'entre jamais en ligne de compte dans ces sortes de calculs.

Si par hasard il y entre, ce n'est que secrètement, en charte privée et en passant qu'on lui rend justice. On ne s'appesantit point sur son éloge : on craint, en le vantant selon sa valeur, d'exalter son amour-propre et de donner trop d'orgueil à la vertu. On tâche, au contraire, de diminuer la gloire et d'affaiblir le mérite d'un homme qui s'est distingué avantageusement : on le rabaisse tant qu'on peut par des réticences insidieuses, par des petites réflexions, des confidences perfides qui rabattent de beaucoup la bonne opinion qu'on s'était formée de lui. Ce n'est point le maréchal de Villars qui sauva la France par l'affaire de Denain, il ne fit qu'obéir aux instructions d'un curé des environs, qui en conçut l'idée, et dirigea la marche de ses troupes.... Le maréchal de Saxe avait totalement perdu la tête à la bataille de Fontenoi ; et, sans un jeune officier qui, dans un moment d'impatience, lui dit : Faites donc mettre une batterie dans telle position, l'armée française était en pleine déroute.... Il s'est parfaitement conduit dans cette occasion ; mais il ne pouvait pas faire autrement ; s'il eût faibli, il était massacré ; il fallait vaincre ou périr : il était bien fâché qu'on l'eût mis dans cette position...... C'est d'ailleurs un mauvais sujet : il bat sa femme; il est d'une humeur insoutenable, et il serait bien dangereux de l'employer dorénavant d'une manière un peu marquante..... Si comme moi vous connaissiez le dessous des cartes, vous reviendriez bien de la haute idée que vous en avez. — Il a, dites-vous, terrassé les factieux et déjoué la conspiration : mais entre nous, il l'avait formée et fomentée sous main, exprès pour se faire valoir quand elle éclaterait..... C'est ainsi que j'ai entendu mille et mille fois traiter les hommes qui avaient été assez heureux pour avoir rendu à leur pays des services utiles et évidens.

Si, par les suites de la sévérité de son administration, de sa surveillance à maintenir le bon ordre, de son exactitude à ne point permettre à ses subordonnés de s'écarter impunément des règles d'une discipline bien entendue, et de la droiture inflexible de son caractère, les mauvais sujets ne peuvent ni le mistifier, ni le corrompre, ni l'effrayer, ni l'engager en un mot à se prêter à leurs projets de désordre et de désorganisation ; si, dis-je, par les suites de ses bons et loyaux services, cet homme d'honneur tombe dans la disgrâce, on le délaisse au milieu de ses ennemis, attaqué, poursuivi, cerné de toutes parts par la calomnie la plus vile et la plus active, et traîné devant des tribunaux, dont l'impartialité est plus que douteuse. C'est dans cette position qu'on abandonne le général fidèle, le magistrat irréprochable : on se contente de le plaindre, de gémir clandestinement sur le sort qu'on lui prépare, mais on se garde bien d'y prendre un intérêt marqué et public, qui pourrait compromettre, et l'on excuse son indifférence par des raisonnemens à peu près semblables à ceux que nous venons de rapporter.

Mais si *ces âmes sensibles* sont de glace en présence de la *vertu* persécutée, elles sont de flamme en faveur du *vice* qu'on veut punir. Du moment qu'elles apprennent qu'un criminel, un factieux un peu célèbre est poursuivi par la justice, on les voit en mouvement rechercher dans le chaos des lois les moyens d'atténuer ses forfaits, persuader que les preuves qu'on en donne sont juridiquement illégales, solliciter, presser les juges d'être indulgens, et finir par assiéger les ministres, leurs bureaux et toutes les personnes en crédit, pour obtenir sa grâce, si par hasard leur protégé est condamné ; enfin les démarches, les éloges, le sort de sa femme et de ses enfans, rien n'est oublié pour intéresser le Prince et le public à la conservation de cet être coupable, dont les efforts constans ne tendaient qu'à renverser le gouvernement légitime, satisfaire ses passions scandaleuses, ou à se créer une fortune aux dépens de celle des autres.

Cette philantropie, si opposée aux bonnes mœurs et à la stabilité d'un gouvernement, a bien fait du mal. Ses démarches ne sont pas toujours heureuses pour assurer *l'impunité du crime* : il lui arrive quelquefois de voir son protégé condamné et mis à mort. Après avoir dénigré l'équité du jugement et celle des juges, elle tâche de se dédommager en inspirant le plus tendre intérêt sur la famille de l'homme qu'elle n'a pu sauver de la corde. Elle réussit plus généralement dans cette entreprise charitable. En France comme ailleurs il n'est pas rare de voir la pitié l'emporter sur les raisonnemens d'une saine politique. Que va devenir cette pauvre famille? Que ses parens sont à plaindre, surtout

ceux qui portent le même nom ! Ne pourrait-on rien faire
pour eux dans la triste position où ils se trouvent ? Il est
urgent, indispensable de leur donner des grades, des mar-
ques de satisfaction, au-dessus même de celles qu'ils auraient
eu droit de solliciter, si ce malheureux événement ne fût
pas venu les frapper, afin de leur témoigner la part que l'on
prend à leur juste chagrin ; l'estime due à leur mérite per-
sonnel, qu'on ne peut pas leur refuser, et que le crime
d'un de leurs proches ne doit pas leur enlever. Ces lieux
communs, ce verbiage de cotterie persuadent beaucoup
de gens en place et une infinité d'indifférens. On oublie
qu'il y a de bons sujets, entourés d'une parenté sans tache,
qui demandent la même grâce que celle qu'on réserve pour
servir de consolation à celui qui, par le sang, appartenait
à la personne qu'on vient de supplicier. On rejette ces petites considérations, on écarte les titres des loyaux serviteurs, on retarde leur élévation, et entièrement entraîné
par le sentiment de la commisération, on gratifie, on dé-
core et on avance, avant tous ses rivaux, le fils du *pendu*,
en réparation de la brutalité que la justice s'est permise
envers monsieur son père.

Ces conséquences dont tous les jours on peut vérifier la
justesse, sont aussi neuves que les causes qui les ont pro-
duites. Elles sont le résultat et les preuves des progrès que
nous avons faits en politique ou dans *l'art de gouverner les
hommes.* C'est une découverte récente, qui date du siècle
des lumières ; elle était inconnue auparavant. On ne voit pas
par exemple, que la maison de Lorraine se soit jamais intéressée aux descendans de *Jean Poltrot de Meré,* qui poi-
gnarda le duc de Guise, dit le balafré, en 1563. La maré-

chale d'Artagnan, qui avait toujours été comblée d'amitiés par la duchesse de Bourbon, fille de Louis XIV, s'étant présentée pour lui faire sa cour, sous le nom de *Montesquiou*, que son mari venait de prendre, elle fut froidement accueillie, et la princesse ne lui dissimula pas que son *nouveau nom* était mal sonnant à l'hôtel de Condé. Je ne connais aucune personne de la famille de ce *barbare assassin* qui soit, avant la révolution, rentré en grâce dans cette branche illustre de la famille de nos Rois.

Une rancune qui dure plus de deux siècles est peut-être un peu trop longue; mais assurément celle qui s'évapore avant deux jours, est aussi un peu trop courte. Le bourreau n'eut pas plus tôt tranché les jours de Damis, que les ministres se crurent obligés de s'excuser auprès de ses parens de la *liberté grande* qu'un tribunal venait de prendre sur une personne de leur famille. On les combla d'attentions, de caresses et des grâces du Roi, que peut-être ils auraient long-temps sollicitées en vain, si, fraîchement, il n'y avait pas eu un *pendu* de leur nom, qui eût mérité son supplice, comme ayant été atteint et convaincu de rébellion et d'attentat contre la famille royale.

Le public ignorant, au lieu de blâmer, applaudit à cette promotion. Il ne prévoyait pas les conséquences fâcheuses qu'un pareil précédent pouvait attirer sur lui. Après que les événemens de 1814 eurent remis les princes légitimes sur leurs trônes paternels, diverses cours de l'Europe, suivirent, sans y prendre garde, ce système de modération et de l'oubli des injures. Leurs ministres flattèrent, avancèrent, enrichirent et conservèrent en place les agens les plus actifs des factions qui avaient chassé ces souverains de leurs États. Les almanachs royaux, civils et militaires, depuis cette époque, ne sont presque remplis que de titulaires qui ne devaient leur élévation qu'aux CONTRE-COUPS DES CRIMES qu'eux ou leurs parens avaient commis. Un auteur bien instruit de ces anecdotes individuelles, rendrait un grand service aux sociétés présentes et futures, s'il en donnait de nouvelles éditions augmentées d'un commentaire historique à la suite de chaque nom.

Le 20 mars, les révolutions d'Espagne, de Naples, de Piémont et des différens États d'Amérique; les troubles, les révoltes et cet état vague et d'incertitude, qui ont régné depuis 1814 jusqu'à présent en France, en Allemagne, en Angleterre, en Turquie et en autres lieux, ont été les *inévitables* CONTRE-COUPS DES CRIMES qu'on avait récompensés avec tant de profusion et avec tant d'imprudence.

Il n'y a pas d'État dont le nombre de grâces et de places à donner ne soit circonscrit dans certaines limites. Celles que le CONTRE-COUP DU CRIME et de la rébellion vous engagent d'accorder sont par CONTRE-COUP enlevées à la vertu et à la fidélité. Si la foule des conspirateurs a été innombrable dans un pays, il ne reste plus rien pour les autres; et le gouvernement se trouve entièrement livré dans les mains des races d'infidèles.

Cette réflexion me rappelle qu'avant la révolution il était d'usage, dans beaucoup de principautés d'Allemagne, d'accorder la grâce à une fille condamnée à mort par une cour de justice; s'il se trouvait quelqu'un assez hardi pour l'épouser; et l'on voyait toujours un imbécille qui, par charité, se mariait avec elle. C'était un parti qu'on enlevait aux vierges et aux veuves vertueuses qui cherchaient à s'établir honorablement. A quels excès ridicules et défavorables à la société ne nous porte pas une philantropie mal entendue!

Il est étonnant que, dans un siècle où la souveraineté du *peuple* a tant de partisans, on ait eu si peu d'égards aux *proverbes* qui, comme l'on sait, sont des maximes populaires et extraites du code de la sagesse universelle des nations. *Un bon chien chasse de race.* Les philosophes qui aiment *la bonté et l'exacte probité dans les autres*, n'ont pas manqué de s'y conformer. Depuis 1789, que leurs principes et que leurs personnes ont commencé à régner, les Jacobins, leurs élèves et leurs enfans chéris, n'ont pas cessé de placer, de recommander leurs amis, et de crier *à bas les nobles et les prêtres*, leurs ennemis naturels. Dans la guerre des Francs contre les Gaulois, M. Guizot reproche amèrement à ces derniers de n'avoir pas su profiter de la victoire, et il blâme beaucoup leurs ministères des ménagemens qu'ils ont eus envers les Francs, ces adversaires irréconciliables qu'ils venaient de vaincre. Ils se sont contentés, s'écrie-t-il, de destituer par centaines les royalistes employés par le gouvernement; c'était par milliers qu'il fallait les déplacer et englober dans cette disgrâce générale leurs familles et tous ceux que, sous le moindre prétexte, on pouvait *soupçonner d'être suspects* de favoriser le bon ordre et les droits de la légitimité.

Le *père Duchesne* et *la Minerve*, sa digne épouse, ces deux évangélistes révolutionnaires, non-seulement ne vou-

laient ni royalistes, ni chrétiens en place; mais ils ordon-
naient impérativement d'en extirper la race; et ils n'exi-
geaient que quarante mille têtes à bas pour accomplir cette
bonne œuvre et faire triompher leur cause. Je n'ai pas ouï-
dire que la convention, qui soutenait les siens, se piquât
d'honneur et s'empressât de consoler par des grâces les parens de *Charlotte Corday*, qui renvoya *Marat* aux dieux
infernaux; ses commettans ni ceux de *Paris*, qui sacrifia
Michel Le Pelletier sur l'autel de l'indignation. Dans le bon
temps des Sans-Culottes, *Dubois de Crancé* ne souffrait
point d'honnêtes gens dans les places un peu importantes.
Avant de les solliciter, on devait, sous son règne, prouver,
pièces en main, qu'on avait mérité d'être pendu, ou au
moins les galères. Là, la qualification *d'échappé de la potence* vous menait à la fortune; ici, l'alliance intime avec
un *repris de justice* met la faveur de votre côté et vous pro-
cure un avancement prématuré. Les temps, les hommes
changent; mais une fois l'impulsion donnée, les choses res-
tent long-temps à peu près les mêmes.

« Pendant que Philippe V était occupé à répandre des
» grâces sur les seigneurs de Naples, à confirmer les conces-
» sions et à remettre les dettes, il se brassait une conspira-
» tion tramée à Rome et près d'éclater à Naples. Il ne s'a-
» gissait de rien moins que d'assassiner le prince. »

« Cette conspiration fut découverte par un des conjurés.
» Après quelques exemples éclatans, on se persuada de *ga-
» gner les méchans* par la clémence, la confiance et les bien-
» faits. On poussa la condescendance jusqu'à former un ré-
» giment de gardes entièrement composé de ces Napolitains
» coupables. »

« Je ne sais qui fut l'auteur de ce conseil et d'une confiance
» si outrée : elle pensa être funeste. On découvrit que les
» principaux officiers de ce régiment traitaient avec le *prince*
» *Eugène*, pour lui livrer *Philippe V*, mort ou vif. Ils de-
» vaient être appuyés par deux mille chevaux et soutenus
» par un gros corps de troupes que ce général enverrait au-
» devant d'eux pour s'emparer de la personne du Roi

« Ce complot fut découvert et déjoué par le DUC DE VEN-
» DOME, et le régiment fut cassé et dispersé (1). »

On s'aperçut, mais un peu tard, des dangers que l'on
court quand on se fie à des rebelles de profession. Rien de
neuf sous le soleil : en tout temps et chez tous les peuples,
on voit que *les bons chiens chassent de race*.

Les crimes sont personnels ; et il n'est pas juste que les
enfans souffrent de ceux qu'ont commis leurs pères. Les
philosophes nous ont prêché cette maxime dans le XVIIIe siècle : mais ils se sont bien gardés de la pratiquer lorsque,
après 1789, ils ont eu le pouvoir en main. Ils n'avaient pas
attendu si long-temps pour marquer que la rancune formait
une partie de leur caractère politique. On a vu les Voltaire, les Dalembert, les Condorcet et compagnie, au lieu
de s'intéresser pour leurs adversaires, les poursuivre avec
rage jusqu'après leur mort, partout où ces auteurs philan-
tropes et anti-religieux croyaient avoir de l'influence par
leurs écrits, ou par leur réputation. On peut d'ailleurs sou-

____

(1) *Mémoires du duc de Saint-Simon*. Londres, 1788 ; tom. **II**,
page 208.

tenir ou contredire ce principe philosophique avec une égale bonne foi de part et d'autre. Il s'en faut de beaucoup que cette question soit définitivement résolue aux yeux d'une saine politique : tout dépend des temps et des lieux dont on parle ou dans lesquels on agit.

Si *les fautes sont personnelles*, par la même raison, les belles actions devraient l'être aussi. On a pourtant plus d'égards pour les enfans d'un chancelier, d'un maréchal de France, qui s'est illustré au moins par son élévation, que pour le fils d'un particulier qui est resté dans l'obscurité. Madame *Roland de la Platrière*, toute philosophe qu'elle était, n'imagina pas qu'il y eût un plus puissant motif pour exciter la commisération publique en faveur de sa fille, qu'elle laissait orpheline, que de rappeler à ses compatriotes les vertus des parens de cet objet chéri, et les *bons et loyaux services* qu'ils avaient rendus à leur patrie. Elle pensait donc que de ces *bons et loyaux services*, il devait en rejaillir quelques avantages pour sa progéniture. Si elle admettait le le principe que les crimes sont personnels, et que les enfans ne doivent pas souffrir de ceux de leur père, elle se démentait elle-même, en reconnaissant les droits d'une famille pour demander des récompenses au nom des bonnes actions d'un de ses parens. Si l'on veut concilier et se conformer en même temps à ces deux maximes, si contradictoires entre elles, la partie n'est plus égale : la vertu aurait ici tout l'avantage : si la révolution dans le Gouvernement n'en avait pas entraîné une autre à peu près pareille dans le dictionnaire.

En langage jacobin, on entend par vertu, la *vertu du*

crime (1), la persévérance à continuer ses forfaits, une fidélité à toute épreuve envers ses complices, et une obéissance aveugle aux scélérats en chef qui les commandent. Ces *vertueux* personnages tuaient leurs adversaires, mais ils ne les initiaient pas dans leurs secrets, et ils ne leur confiaient pas une partie de leurs forces. Ils n'ont jamais employé leur crédit à procurer à leurs antagonistes des places importantes dans l'État, à moins qu'ils ne fussent sûrs de la sottise ou de la pusillanimité de leurs protégés.

Entre punir et récompenser, il y a une distance considérable. Qu'on ne sévisse pas contre le fils d'un père coupable, je l'accorde ; mais qu'on le récompense, qu'on lui donne des préférences avantageuses, parce que ses parens ont été criminels, je ne puis y consentir. C'est encourager la révolte, le vol et l'assassinat ; c'est dire à tout ce qui vous entoure : Plus vous serez mes ennemis, plus je vous comblerai de grâces ; et plus vous me ferez de tort, et plus je vous ferai de bien.

De pareils discours, appuyés sur des preuves justificatives, ne sont pas paroles perdues dans le siècle où nous vivons. On les écoute avec intérêt, et, pour cause, on en conserve le souvenir. Que de gens préfèrent à vivre dans l'opulence que dans la misère, dans les honneurs que dans l'humiliation ; qu'il n'est pas étonnant d'avoir vu tant d'individus, qui ne demandaient pas mieux que d'être royalistes, devenir par esprit de calcul des révolutionnaires forcénés.

---

(1) Voyez l'*Art de faire des lois*, page 121.

C'est ainsi qu'on reste seul, sans amis, au milieu de ses ennemis les plus invétérés et les plus irréconciliables.

Un scélérat légalement supplicié, par arrêt d'une cour de justice, a donc paru, à quelques ministres, un motif suffisant pour illustrer et enrichir la famille de ce coupable, au détriment des rejetons des races fidèles qui s'étaient contentés de remplir avec honneur, et quelquefois avec distinction, les emplois qu'on leur avait confiés. C'est un système d'avancement qu'il est dangereux d'introduire dans une société. La vie du chevalier BAYARD, *sans peur et sans reproche*, lue avec dédain, et regardée comme celle d'un *fou*, ne servirait plus de modèle de conduite à ceux qui seraient animés de la noble ambition de mériter l'estime publique : ce serait dans celle des *Cartouche* et des *Mandrin* qu'on irait dorénavant chercher de bons exemples à suivre pour acquérir de la considération : *appanage inséparable des grades et de la richesse, chez un peuple vain et corrompu.*

Autrefois, l'origine des meilleures maisons se perdait dans les nuages ténébreux de l'antiquité ; mais tout s'éclaircit par les CONTRE-COUPS DU CRIME. Les fables, filles d'un orgueil généalogique, auxquelles nos grands-pères attachaient tant de prix, s'évanouirent d'elles-mêmes. On les méprisera, et on n'osera plus en présenter de pareilles. Sous un régime semblable à celui que nous venons de supposer, et qu'on suivrait à la lettre pendant quelque temps, les nouveaux nobiliaires seraient, comme les *almanachs royals*, des livres pleins de vérités. Les plus grandes familles d'alors, celles dont les noms seraient le plus souvent répétés sur les pages de ces volumes instructifs, y verraient sans doute, avec satisfaction, l'époque certaine et authentique de leur première illustration, qui daterait presque toujours d'un de leurs ayeux qui, pour ses *méfaits*, aurait été pendu ou mérité de l'être. -

Il y a, en Angleterre, plusieurs établissemens destinés à recevoir, entretenir, et à éduquer les enfans devenus orphelins par le supplice de leurs auteurs. J'ai l'habitude de me prosterner, avec une vénération respectueuse, aux pieds de ces personnes bienfaisantes qui disposent de leur fortune en faveur des malheureux; mais j'aurais desiré que des mains aussi charitables ne se fussent décidées à faire de semblables fondations, qu'après s'être assurées qu'il n'y avait plus, dans le pays, d'honnêtes gens hors d'état de nourrir et d'avoir soin de leur famille; car, après tout, dans une société bien réglée, la vertu doit passer avant le vice.

Codrus, roi d'Athènes, Curtius, chevalier romain, et tant d'autres se sont héroïquement dévoués à la mort pour sauver leur patrie d'un danger imminent qui la menaçait. Les privations, les entreprises périlleuses et le sacrifice volontaire de sa vie pour satisfaire les sentimens d'une affection exaltée et exclusive, qui absorbe toutes les facultés de notre âme, ne sont point des actions incompatibles avec le caractère humain; au contraire, on en voit des exemples fréquents. Il serait donc à craindre que ce système, connu et suivi par un Gouvernement, de soigner, de protéger les enfans des *suppliciés* de préférence aux autres, n'engageât des personnes foncièrement vertueuses, mais irritées par la misère et excitées par un amour violent pour leur nom et leur famille, à commettre des crimes, dans la seule intention de périr par la main du bourreau, et de procurer, par cette voie, des grades, des emplois honorables et lucratifs à leurs frères, à leurs fils, à leurs gendres, aux maris de leurs sœurs ou un asile assuré et une éducation convenable aux orphelins qu'ils laisseraient dans le monde après leur supplice. Où en est une société qui, par des motifs louables, force un honnête homme à devenir criminel ?

Qu'on se rappelle que SYLLA rétablit l'ordre et la tranquillité dans la république romaine, en maîtrisant d'une main forte les satellites de *Marius*; et que *Pompée*, en les accueillant, en favorisant leurs prétentions, en s'attachant à leurs chefs, en rétablissant les tribuns du peuple et leur influence, prépara sa propre destruction et celle de son souverain qu'il avait si mal conseillé.

« Judas Machabée poursuivit les méchans, en les cher-
» chant de tous côtés. »

« La terreur de son nom fit fuir ses ennemis devant lui.
» Tous les ouvriers de l'iniquité furent dans le trouble, et
» son bras procura le salut du peuple. »

« Ses grandes actions furent la joie de Jacob, et sa mé-
» moire sera en éternelle bénédiction. »

« Il parcourut les villes de Juda; il en chassa les ennemis,
» et il détourna la colère de Dieu de dessus Israël. »

« Son nom devint célèbre jusqu'aux extrémités du monde,
» et il rassembla ceux qui étaient prêts à périr (1). »

---

(1) *Machabée*, livre premier, chapitre III.

Croyons-en l'Esprit-Saint qui nous a révélé les sublimes maximes qui sont renfermées dans la Bible, et que pendant long-temps les chrétiens ont regardées comme des articles de foi.

Le 8 mai 1821.

FAVEUR PAR LA SOTTISE.

La sottise est-elle une qualité favorable ou défavorable à l'individu ambitieux qui veut parvenir aux premières places de l'État? Ce problème n'est pas aussi facile à résoudre que les apparences semblent le promettre.

Beaucoup de gens se sont perdus par leurs sottises; mais j'ai vu aussi beaucoup de sots devenir garde des sceaux, ministres d'État, lieutenans-généraux de terre ou de mer, commander des armées et obtenir les premières places dans leurs corps respectifs, uniquement par leur incapacité bien reconnue de régir les emplois qu'on leur confiait. Un sot, dans ces occasions, est un mannequin politique, un enfant perdu que des intrigans adroits poussent en avant et font investir d'une grande autorité, afin que, de bonne foi, il puisse faire dans son département beaucoup de sottises, dont ses protecteurs profitent sans compromettre, sous aucun prétexte, leur responsabilité. Si ensuite l'indignation publique vient à sévir contre les délits de cet imbécille, ses instigateurs en rejettent le blâme sur ce *bouc émissaire*, et le chargent de toutes les iniquités qu'ils ont fait commettre à ce sot, que, pendant quelque temps, ils avaient masqué en homme d'État.

N'est-ce pas le cas de dire que tout chemin mène à Rome

ou aux places ? Sixte V ne fut-il pas élu pape parce qu'on le crut un SOT, un valétudinaire, incapablede régir, par lui-même, les affaires de son pontificat ; et que, sous son règne, on le ménerait comme on voudrait ?

IMPORTUNS.

L'ART D'IMPORTUNER, de fatiguer, d'excéder par sa pré‑
sence et ses demandes continuelles les gens en place, est
un moyen d'avancer et d'obtenir des grâces, qu'un grand
nombre d'intrigans ont employé avec succès dans beaucoup
de pays mal réglés.

Les États gouvernés par des hommes sans principes fixes
dans leur conduite, sont sujets à voir leurs ministres et
leurs bureaux, finir par satisfaire les IMPORTUNS, afin de
s'en débarrasser plus vite ; et les grâces du prince, dévolues
de droit à ses bons serviteurs, deviennent la proie des
ennuyeux.

Un être fastidieux, inutile et desœuvré qui perd à valeter
dans les anti-chambres un temps qu'il devrait employer à
s'instruire et à bien remplir les devoirs de son métier,
mérite-t-il donc d'être récompensé aux dépens des autres,
plus discrets et plus attachés à leurs devoirs que ces sollici-
teurs IMPORTUNS ?

GIROUETTE.

Ce terme de marine (1), ou de la maison rustique, est entré dernièrement dans le *Dictionnaire de la Politique*, et pour cause.

Cet instrument grossier et matériel est devenu, par le progrès des lumières, si fin et si spirituel, que la plupart des philosophes du siècle et de nos grands hommes du jour lui doivent leur gloire et leur fortune.

Les chevaliers de la GIROUETTE suivent avec persévérance cette maxime proverbiale des matelots, *selon le vent la voile*. Ils n'aviguent tranquillement sur le vaisseau de l'État, sans s'embarrasser où il va et où l'on veut le mener, encore moins de son sort futur ni de celui de son équipage; ils ne songent uniquement, dans leur traversée, qu'à pêcher des écus, des titres, des places et des honneurs; enfin toutes les bonnes choses qu'ils peuvent attraper dans leurs filets.

Il y a dans ce métier, comme dans tous les autres, des bons et des mauvais ouvriers. Les PÊCHEURS adroits jouissent, sans HONNEUR, d'une existence très-*honorable*. Les mal-adroits sont de fait et de droit traités comme le rebut de toutes les sociétés, sans en excepter les plus criminelles.

---

(1) Considérée comme un instrument de physique, voyez l'article GIROUETTE, *Tydologie*, chap. 1, pag. 76.

Par ce que nous venons de dire, on voit que l'observation intéressée de la GIROUETTE et l'attention continue d'en suivre les mouvemens sont, dans une monarchie en désordre, un des *moyens de parvenir* des plus marquans par les succès assez nombreux dont nous l'avons vu couronné mainte et mainte fois. C'est aux écoles de la marine que les amateurs des *bons emplois* honorifiques et lucratifs apprendront le mieux l'art d'orienter leur voilure selon le vent qui souffle, de faire route, en habiles manœuvriers, au milieu des écueils qu'ils rencontreront en chemin, et de réussir malgré les tempêtes, les changemens de temps, les accidens sans nombre de la guerre et de la navigation qu'ils sont dans le cas d'éprouver pendant leur traversée, de prendre les bons ports (*les grâces*) qu'ils desirent attraper, ou de rester ferme dans les mouillages (*les places*) qui leur conviennent, et dans lesquels ils se trouvent bien.

ZAÏRE, ambitieuse de s'élever en grade dans le sérai d'*Orosmane*, avait donc ses raisons pour répondre à son père qui lui reprochait d'avoir changé de religion :

> J'eusse été près du Gange, esclave des faux dieux,
> Chrétienne dans Paris, musulmane en ces lieux.

C'est la profession de foi d'une vraie GIROUETTE qui veut faire fortune (1) aux dépens de son âme; il y en a beaucoup dans ce siècle-ci.

---

(1) Voyez le mot *Concordat* de 1817, dans le *Lexicon politique*, n° V, du *Correspondant royaliste*, chez Gide fils, libraire, à Paris.

Si j'avais mieux su profiter dans les cours des sciences nautiques que, par état, j'ai été obligé de suivre jusqu'à l'époque de la révolution,

J'aurais fait mon chemin, j'aurais un bon emploi.

comme tant d'autres dont les noms sont, à chaque page, immortalisés dans les dictionnaires des GIROUETTES qui ont été imprimés et réimprimés à Paris, depuis 1814 (1).

Mais, toute ma vie, j'ai été un nigaud. En janvier, 1791, je publiais une lettre que j'écrivis à M. de *Fleurieu*, ministre de la marine, pour lui prouver que ni lui, ni moi ne pouvions prêter le *serment civique* décrété le 22 décembre 1790, par les factieux, qui dès lors travaillaient au renversement de la monarchie française et au supplice qu'ils comptaient faire subir à leur Roi légitime. *Qu'y ai-je gagné?* A me voir, dans le procès-verbal de l'assemblée nationale du 16 mars 1791, *honorablement* rayé du corps des officiers de la marine de S. M.; à n'être point compris au nombre des capitaines de vaisseaux dans la promotion de 1792, et encore moins dans celle de 1793, que firent les ministres de *Robespierre* et consorts; et, quand on réorganisa le corps de la marine, le 1er janvier 1816, à me trouver, en conséquence, placé dans les derniers rangs d'une liste où, par mon ancienneté, j'aurais dû être un des premiers.

A cette bêtise impardonnable, j'ai joint le tort irrémissible d'être resté fidèle jusqu'à présent à la profession de foi,

---

(1) Les circonstances exigeraient, qu'en 1822, on en publiât une nouvelle édition, revue, corrigée et considérablement augmentée.

tant religieuse que politique, que j'avais publiée en 1791.
Voilà la cause de mes disgrâces. Je ne suis pas le seul qui,
pour la même cause, aie éprouvé un pareil sort; mais le
malheur des autres est une faible consolation, au moins
pour moi. Quoi qu'il en soit, que ceux qui me suivent ne
me ressemblent pas, s'ils sont ambitieux de *parvenir :* ce
refus opiniâtre d'échanger leur religion et leurs sentimens
royalistes contre un nouveau culte et de nouveaux principes
les rapprocheraient trop du genre des *immobiles,* des écorces
de citron qu'on dédaigne après en avoir extrait le jus qu'elles
renfermaient, ou de ces blocs rocailleux qui ne sont bons à
rien qu'à gêner à l'endroit où ils se trouvent; et il est à
craindre, d'après cette classification, qu'on ne les traite
comme on nous a traités. S'ils veulent en croire mon expérience et s'en fier à mes conseils, ils crieront, avec la foule
des affamés :

Vivent les GIROUETTES et tout ce qui s'ensuit.

Le 3 mai 1818.

CITOYENS ÉQUIVOQUES.

Les citoyens équivoques « disent qu'ils aiment leur pa-
» trie, et qu'ils sont jaloux de sa gloire. Au coin de leur
» feu, ils raisonnent à merveille, ils voient ses maux, dé-
» couvrent les abus, les déplorent, indiquent les remèdes,
» mais, en même temps, ils ont peur de se compromettre :
» ils regardent si on les écoute, ils craignent qu'on ne répète
» leurs paroles, qu'elles ne leur soient funestes en les signalant
» aux vengeances...... Prend-on résolution généreuse, ils
« tremblent sur les suites. N'aggravons pas les malheurs de
» notre situation par une opposition disent-ils qui augmen-
» terait le nombre de nos ennemis Seuls, quel bien pourrons-
» nous produire ? et l'on peut nous faire beaucoup de mal.

» La plupart des États ont été perdus par ces citoyens
» équivoques qui veulent s'accommoder au temps qui, dans
» les affaires publiques, au lieu de considérer ce que le de-
» voir exige d'eux, cherchent à tirer momentanément, des
» plus fâcheuses circonstances, le meilleur parti, ou du
» moins d'éviter le plus de mal possible, en n'opposant aux
» événemens que les ressources de l'esprit et de la sagacité
» humaine, et non l'inflexible roideur de la vertu, et la fer-
» meté inébranlable du devoir. *Tant les règles éternelles de
» la vertu sont au-dessus des plus sublimes efforts du génie et
» des talens* (1). »

____

(1) Le *Drapeau blanc*, vol. 2. livraison 19, pages 97 et sui-
vantes.

Ce n'est donc pas sans raison que *Solon* statua peine de mort contre les CITOYENS ÉQUIVOQUES qui resteraient neutres au milieu des factions qui agiteraient la république.

Peu de CITOYENS ÉQUIVOQUES ont joué un rôle brillant dans l'histoire, par l'étendue de leurs conceptions, la force de leur caractère, la hardiesse de leurs projets et de leurs moyens d'exécution. Les bons citoyens n'ont point de confiance en eux, le public leur refuse son estime, et la justice n'accorde aucune récompense aux bonnes intentions qu'ils ont soigneusement conservées *in petto* dans tous les temps de crise. On les regarde comme des gens à courte vue, ou comme des âmes insensibles, incapables d'éprouver le moindre sentiment d'indignation contre les auteurs et les fauteurs des maux qui accablent leur pays ; mais, dans le nombre, il y en a d'honnêtes, d'habiles, d'instruits, et très en état de bien servir, en subalternes, sous l'autorité d'un caractère plus prononcé que le leur. Leur esprit concilian^t qui ne les a jamais compromis, leur complaisance à chanter sur tous les tons, à se prêter à tous les partis ; leur habitude à toujours flatter les vues de l'homme en place et de remplir leurs fonctions contre leur conscience, s'il le faut, mais au goût de l'opinion régnante, seront cause qu'en général on verra, dans un État, la plus grande partie de ses grâces et de ses emplois dans les mains des CITOYENS ÉQUIVOQUES.

TALENT.

Il n'y a pas de doute qu'un TALENT distingué ne soit un titre pour avancer quelqu'un et lui donner des places et des grades importans dans l'État; mais est-il exclusivement le seul auquel ces sortes de nominations doivent avoir égard?

Il serait à desirer qu'il n'y eût que des hommes à grands TALENS dans tous les emplois du gouvernement : la chose est-elle possible dans un pays civilisé et commerçant? *Si l'on admettait ce principe*, n'aurait-on pas à craindre, que le TALENT de s'en faire croire, n'eût généralement la préférence sur le vrai TALENT intrinsèque d'un homme de mérite, et que le TALENT du charlatan ne fût au-dessus de tout?

L'admission de ce principe bouleverserait la société à chaque instant. Il n'est pas rare de trouver des valets avoir plus de TALENS que leur maître, des palfreniers du Roi avoir plus de TALENS que le grand écuyer, des caporaux avoir plus de TALENS que leur colonel; et, d'après la règle qu'on vient de poser, il faudrait donc, pour l'avantage commun, destituer les maîtres, les écuyers et les colonels, et les faire remplacer par leurs valets, leurs palfreniers et leurs caporaux à grands TALENS. Mais si, dans le nombre de ces *dégradés*, il s'en trouve quelques-uns qui, piqués de l'humiliation qu'ils viennent de recevoir, s'appliquent et finissent par acquérir des TALENS supérieurs à ceux de leurs subalternes qui les avaient supplantés, il sera nécessaire, afin d'être conséquent, que ces maîtres, ces écuyers et ces colonels usurpateurs redeviennent valets, palfreniers et caporaux. Il s'établirait ainsi une circulation de TALENS montans et descendans, qui entraînerait un défaut de stabilité et une confusion universelle dans la société, et qui finirait bien vite par la dissoudre, si son Gouvernement s'entêtait à ne jamais confier les places importantes de l'État qu'aux plus habiles.

La ferme résolution de n'admettre à la tête de toutes les parties de l'administration que des hommes d'un TALENT manifeste pour les bien gérer, exige des appréciateurs jurés qui estiment la valeur de chacun de ceux qui solliciteront ces places. Qui nommera ces experts? Le Roi : mais S. M. peut-elle avoir une idée juste du caractère et des TALENS de cette quantité d'individus employés à son service? Qui lui désignera les meilleurs sujets, ceux qui méritent d'être avancés de préférence à leurs camarades? Ses *ministres!* eux-mêmes ont-ils toujours assez de TALENS pour les reconnaître dans la foule, les juger impartialement et avec connaissance de cause? Il faudra donc en revenir à des comités d'estimateurs pris dans la classe de l'aspirant. Les mêmes questions reviendront alors, et nécessiteront des réponses qui ne seront pas plus péremptoires que les premières. Qui donc jugera les TALENS? Dans le beau siècle de Louis XIV, ne vit-on pas, pendant long-temps, la bonne compagnie, ce grand juge des TALENS dramatiques, mettre *Pradon* au-dessus de *Racine?*

Une femme laide prend rarement une jolie femme-de-chambre : de même un homme à grands TALENS fait ombrage à un ministre médiocre. Ces deux caractères se repoussent au lieu de se rechercher et de s'associer ensemble, quand l'insuffisance domine. Suivez les artistes, les comédiens, les illustres d'une académie, tous ces gens affamés de célébrité, et vous verrez les menées, les intrigues, les tracasseries, les perfidies et les noirceurs que ces gens à grands TALENS emploient pour écarter, se débarrasser d'un sujet qui en aurait plus qu'eux, qui les offusque et qui pourrait leur enlever cette suprématie de réputation que, depuis quelques années, le public est accoutumé de leur accorder.

Romé de Lille, créateur de la *Crystallographie*, de cette science intermédiaire entre la minéralogie et les mathématiques, ne put jamais être reçu à l'Académie des Sciences de Paris, parce qu'il avait critiqué le système de Buffon, et *réduit en poudre le globe de verre* de ce naturaliste éloquent. La clique du Jardin du Roi engagea l'*abbé Haüi*, professeur distingué de rhétorique, au collége du cardinal Lemoine, de composer un ouvrage sur la même science, avec défenses formelles de ne jamais citer *Romé de Lille*, qui lui fournissait le fond et les détails de son livre ; et, pour le prix de sa complaisance, on lui promit la première place vacante à l'Académie. Le hasard fit que ce *crystallographe-littérateur* y fut admis comme *botaniste*. Puis, fiez-vous aux jugemens des confrères A GRANDS TALENS (1).

---

(1) On n'a pas d'idée des jalousies, des intrigues, des escobarderies et des tripotages qui régissent le gouvernement intérieur des Académies, les états-généraux des grands TALENS rassemblés en corps. En voici un exemple :

» L'élection de d'*Alembert* à l'Académie française, en 1754, fut

Les TALENS ne sont pas toujours modestes ni discrets, surtout en France ; ils rendent fats, et rehaussent beaucoup l'amour-propre de ceux qui s'imaginent en posséder. Leurs prétentions augmentent en conséquence à un point, qu'il est impossible de les satisfaire complétement, ni qu'on acquiesce à toutes leurs demandes, puisque, pour les contenter, il faut qu'on leur donne les premières places de l'État, et qu'on soit dans une admiration continuelle devant leurs ouvrages.

A la presque unanimité, nos académiciens devinrent révolutionnaires en 1788 et suivant, parce que. convaincus de leurs grands TALENS, ils se dirent : « Si nous détruisons tout ce » qui existe en France, le ROI, *les princes du sang*, *les ducs* » *et pairs*, *le haut clergé*, *la noblesse*, *la magistrature*, *les* » *officiers de l'armée ; etc.* ; si nous dénaturons et rendons

---

» traversée par beaucoup d'obstacles, et même, il passe pour cer- » tain qu'il y avait un nombre suffisant de boules noires pour l'ex- » clure, si *Duclos*, qui ne perdoit point la tête, et qui était en tout » hardi et décidé, n'eût pris sur lui de les brouiller dans le scrutin, » en disant tout haut qu'il y avait autant de *boules blanches qu'il* » *en fallait.* »

« *Duclos et d'Alembert* m'ont tous deux confirmé ce fait ; plus » d'une fois. Tout était noir : c'était leur expression. Ce fait, que » je crois unique dans l'histoire de l'Académie, pourrait fournir » matière à bien des réflexions. » Nous les laisserons faire à nos lecteurs. La loi, qui détermine le choix des députés, leur en offre une belle occasion.

Correspondance littéraire de Laharpe ; lettre 198.

» vacante la totalité des places et charges de ce vaste
» royaume, et si, en même temps, nous donnons à tous
» les Français des droits égaux pour remplir les places et
» les charges des anciens titulaires que nous voulons réfor-
» mer, nous n'ôtons ni ne pouvons ôter la supériorité inhé-
» rente au *génie et à l'instruction.* Or, nous sommes les
» Français les plus savans et qui avons le plus d'esprit, donc
» nous obtiendrons toutes les places, et nous aurons la plus
» grande influence dans le nouveau Gouvernement que nous
» allons établir (1). » Tels furent les raisonnemens et les motifs
secrets qui déterminèrent la conduite criminelle de ces grands
TALENS ; après quoi, donnez-leur une confiance implicite et
exclusive à toute autre considération.

S'il n'y avait qu'un petit nombre de gens instruits dans
un royaume, il serait peut-être facile de les trier et de les
élever à des postes importans. Mais si les TALENS deviennent
les seuls titres de recommandation pour obtenir des grades
et de l'avancement, chacun en aura, ou voudra persuader
qu'il en a : dans ce-cas là, le moyen de contenter tout le
monde ? Que fera-t-on de tant d'habiles gens, rivaux nés

---

(1) *Tydologie*, tom. II, chap. IV, pag. 473. On y développe
les motifs à peu près pareils, qui engagèrent les *capitalistes* et les
sans-culottes à se liguer avec des grands TALENS littéraires, et à
faire cause commune en faveur des progrès de la révolution, dont
dès-lors les funestes suites commençaient à devenir effrayantes. Ils
réussirent à remporter une victoire complète ; mais dans le partage
du butin, chacun des partis de ce triumvirat ne fut pas également
satisfait. Les capitalistes d'alors paraissent avoir été ceux qui ont le
plus mal calculé leur affaire.

les uns des autres? Seront-ils mis aux prises ou au concours?
Que de disputes! que de batailles! que de TALENS destitués,
blessés ou tués par d'autres TALENS! Quel carillon, quel
vacarme, quelle confusion n'y aura-t-il pas sur tous les
points où ces foules de savans et de beaux esprits se réuni-
ront pour solliciter une place vacante que chacun d'eux desire
obtenir pour lui seul! Comment, dans une pareille bagarre,
y reconnaître les meilleurs sujets? Couronnerez-vous le
plus adroit, le plus fort, le plus jactant, le plus menteur,
ou le plus instruit et le plus vertueux? Mais, ne pourrez-
vous pas vous tromper, et faire des choix diamétralement
opposés à vos intentions? Si cela arrive, à qui s'en prendre?
aux faiblesses humaines, aux intrigues du commérage, à
l'impéritie, à la partialité des ministres, ou aux TALENS qui
n'ont pas eu le TALENT de se faire valoir à propos.

Si l'on veut établir la désunion et les dissentions dans un
corps, il n'y a qu'à régler la hiérarchie graduelle de ses officiers sur la supériorité respective des TALENS qu'on leur
reconnaît. Les amours-propres, choqués à chaque instant,
leurs prétentions continuelles, exagérées et comparatives,
et les brandons de la discorde seront bientôt les liens qui
uniront tous les membres d'une pareille association. Dieu
veuille que ce mode d'avancement n'entraîne pas des suites
plus fâcheuses : que les ressentimens, les rancunes, et l'ambition des subalternes ne les portent point à trahir l'État et leur
commandant, afin de le faire échouer, de le montrer en défaut et prendre sa place.

Mais les TALENS sont divers, et ils ne sont point également
utiles à l'État. Ceux qui en possèdent quelques-uns à un point

éminent sont , par cette raison , incapables de bien gérer beaucoup de places du gouvernement qui , par leur nature, exigent moins de génie et d'instruction que du bon sens , de la droiture, de la routine, de l'assiduité , et une connaissance familière de leurs détails.

Les GRANDS TALENS de *Montaigne* et du président de *Montesquieu* ne les empêchèrent pas d'être à Bordeaux , le premier, un mauvais maire , et l'autre, un juge insignifiant et très-médiocre.

Croire qu'un grand TALENT quelconque convienne à toutes les places, c'est une erreur dans laquelle les Français ont persisté jusqu'à présent (1820.) Depuis plus de trente ans que les grands TALENS, renfermés dans leurs académies, dans leurs instituts , dans leurs universités , et même dans leurs troupe de comédie (1), leur ont fourni des administrateurs, des ministres et des législateurs de toute espèce , leur pays en a-t-il été mieux gouverné ? c'est sur quoi ils doivent réfléchir maintenant.

Cette manie de dupe de vouloir que de grands TALENS ne

____

(1) L'abbé de *Boismont,* prédicateur du Roi , jouait les *Crispins* aussi bien que le meilleur acteur. Notre garde des sceaux (*Hue de Miromesnil*) , a, dans ce genre, la réputation de pouvoir remplacer *Préville.* C'est dommage que ces grands TALENS soient ainsi déplacés ; rien ne rappelle mieux ce vers de *Voltaire* :

Tout s'arrange au hasard , et rien n'est à sa place.

Correspondance littéraire de la Harpe ; lettre 239.

Préville, le moins considéré de cette bande , était pourtant le seul qui fut à sa place.

fussent jamais sans de grandes récompenses, a été la cause qu'en France, les ministres du roi ont créé beaucoup de places et de pensions inutiles, onéreuses à l'état, et qu'ils les ont données à tort et à travers, à des personnes qu'ils protégeaient ou dont ils ont voulu se débarrasser, qu'on a égaré par ces distinctions, et qu'on devaient laisser vivre honorablement dans la carrière qu'ils suivaient. Ennuyé des grands TALENS de son secrétaire *Thomas* (1), le duc de Praslin, ministre de la marine, fit créer en sa faveur, pour le renvoyer poliment, la place de secrétaire interprète des Suisses, avec cent louis d'appointemens (2). Pour le prix des plaisirs qu'une soubrette fameuse à la Comédie française lui procurait journellement, ce même ministre fit accorder à la *Dargenville* vingt mille livres de pension, sur la caisse des Invalides de la marine; l'économiste *Turgot* gratifia de deux mille écus de rente, et d'un beau logement à l'hôtel de la Monnaie, les GRANDS TALENS de son confrère *Condorcet*. Les GRANDS TALENS de *Champfort*, auteur dramatique assez médiocre, lui valurent vingt mille livres de traitement; ceux de *Faujas de Saint-Fond* dix-huit; *Talma*, trente, et Mlle. *Mars*, vingt; et pour couronner l'œuvre, Mme. MANSON a obtenu cent pistoles de pension, et une bourse dans un collége royal pour son cher Edouard, son fils bien-aimé, en récompense sans doute des grands TALENS qu'elle avait déployés a Rhodez, avant et après l'assassinat de *Fualdès*; procès trop ou pas assez célèbre dans nos annales.

---

(1) *Littérateur français*, qui a eu quelque réputation dans le dix-huitième siècle.

Correspondance littéraire de Laharpe; lettre 17.

Cette énumération incomplète prouve, jusqu'à l'évidence, que les grands TALENS ne sont pas toujours désintéressés ; que les ministres, en disposant des grâces du ROI ont eu assez souvent des prédilections marquées pour les accorder aux ennemis, plutôt qu'aux amis de la *royauté* ; et que c'est peut-être à l'honneur d'avoir possédé une quantité si nom» breuse de grands TALENS, que la France doit cette pénurie continuelle, dans laquelle ses finances se sont trouvées jusqu'à présent.

Il y a eu dans tous les temps et dans tous les pays des subalternes, des commis, des secrétaires qui ont eu plus de TALENS que leur chef. Ils lui étaient par cette raison très-utiles, ainsi qu'à l'administration qu'ils géraient, pour ainsi dire de compagnie. Leurs prétentions étant contenues par les usages et les préjugés nationaux, ces subordonnés ne songeaient point d'abuser de la confiance, ou si l'on veut, de l'impéritie de leur commandant, afin de l'induire à mal, le faire destituer et se mettre à sa place. La distance immense qu'il y avait en France, entre la classe où l'on prenait les ministres, et celles qui fournissaient les commis, empêchant ceux-ci de prétendre occuper les premières places, les obligeaient à employer leurs grands TALENS, s'ils en avaient, à seconder de leurs mieux les chefs de leur administration. C'était donc une source de méfaits, de désordres et de jalousie de moins dans l'état.

La connaissance des affaires et l'habitude de les manier avec dextérité, ne sont point les seules qualités qu'un bon gouvernement exige dans le chef d'une de ses administrations. Une fortune faite et honorable, la naissance, un rang supérieur reconnu par la société, et qui le force a surveiller

lui-même sa réputation, une conduite irréprochable à l'abri
de toute récrimination injurieuse et fondée; des manières
nobles, un ton naturel de commandement, un abord sans
morgue, plein de dignité, qui inspire le respect sans humilier personne; des titres, des décorations brillantes, un esprit accoutumé à voir en grand l'ensemble d'une gestion,
sans être appesanti, concentré ou égaré dans le dédale de
quelques-uns de ces détails; ces qualités ajoutent plus qu'on
ne croit à la considération du chef; en imposent utile-
ment à ses subordonnés, aux fournisseurs, aux comptables,
aux commandans des corps qui ressortent de son département, et en général à toutes les personnes avec lesquelles ou
pour lesquelles il traite.

Quand, sous le prétexte d'une parfaite égalité, et dans l'es-
pérance de ne voir que des grands TALENS remplir toutes les
charges de l'état, on renverse l'ordre social de fond en
comble; que les valets deviennent maîtres, et les commis
ministres, on n'a que des *parvenus* en place. En France,
plus qu'ailleurs, on doit connaître le caractère d'un *par-
venu*; et ce que l'état, les chefs et les subalternes ont lieu
d'en attendre.

Afin que les TALENS soient utiles à l'état, il faut que ceux
qui les possèdent, aiment les places qu'ils occupent, qu'ils
s'honorent de les avoir, et d'en remplir les devoirs; qu'ils ne
les regardent pas au-dessous d'eux, et qu'ils se soumettent
avec empressement au travail assidu, et presque toujours
obscur, que les fonctions de leur charge exigent. C'est de
rigueur surtout dans ces grades à demi subalternes, les
seuls auxquels ces personnes si méritantes ont le droit de
prétendre, en commençant une nouvelle carrière. Si ces gens

à grands TALENS que vous aurez si bien récompensés, ne remplisent point ces conditions, à quoi vous serviront-ils? à tout brouiller, à tout gâter, à dégoûter leurs camarades, et à les rendre honteux de leur place et de l'exactitude qu'ils mettent à faire leurs devoirs.

Lorsqu'ils ont obtenu de bonnes places, une expérience journalière nous présente au contraire la plupart de ces gens à grands TALENS se livrer avec délice à la paresse, à l'amour de la célébrité, à l'envie de briller dans le grand monde, à la fatuité de montrer qu'ils en savent plus que leur chef, à dédaigner les occupations importantes de leur administration, mais puériles à leurs yeux et indignes de l'attention d'un esprit supérieur. Ayant ou n'ayant pas d'idée ou de système à faire prévaloir, ils prennent sans réfléchir le premier qui les séduit, ou ils commencent par vouloir établir celui qu'ils avaient déjà adopté. Ils sont légers dans l'exécution, si l'on admet leurs idées, et furieux si on les combat; et d'après le caractère que l'on rencontre le plus communément dans cette classe d'hommes, ils tachent de profiter de leur élévation pour primer, s'enrichir et humilier par leur arrogance les personnes qui sont sous leur dépendance. Par cette manie d'élever des gens à grands TALENS, à des places qui étaient hors de leur sphère, combien de gouvernemens n'ont-ils pas métamorphosé de gens d'un mérite modeste en impertinens à grandes prétentions, insatiables et impossibles à contenter? Lisez l'histoire du séjour de *Voltaire* à Potsdam chez Frédéric II, roi de Prusse, et vous serez bientôt dégoûté de rassembler d'aussi grands TALENS autour de vous.

En 1805 ou 1806, les Anglais eurent la fantaisie d'avoir une administration parfaite. Il composèrent leur ministère en conséquence, et ils y réunirent les grands TALENS de tous les partis : des *Wighs* et des *Torys* qui, depuis leur origine, avaient toujours été en opposition entr'eux. Cette association ne fut pas de longue durée; et jamais l'histoire ne rapporte d'époque où l'empire britannique ait été plus mal gouverné que sous le règne de tous ces TALENS réunis.

Ne dirait-on pas, comme *Grimm*, que les vrais TALENS diminuent en raison des encouragemens prodigués pour exciter leur émulation ?

On ne doit pas rejeter les TALENS; mais il faut les tenir à leur place; et ne point les gâter. Ce sont des accessoires qui méritent des égards attentifs, toutes les fois qu'il s'agit de nommer à des emplois vacans. Mais le rang, les mœurs, le caractère, et surtout la loyauté des postulans, sont les principaux motifs qui dirigent un ministre bien intentionné et habile à faire ses choix. En cessant d'être honnête, Archimède, Newton se rendent indignes de remplir la plus petite chaire de mathématiques; et Louis XI eut grand tort de ne pas laisser pendre *Villon*, parce qu'il était le meilleur poëte de son temps (2).

---

(1) *Correspondance littéraire*, tom. 15, pag. 54.

(2) Villon sut le premier, dans ces siècles grossiers
Débrouiller l'art des vers de nos vieux romanciers.
                              BOILEAU.

François Ier faisait un si grand cas des œuvres de ce poëte, qu'il chargea Clément Marot d'en donner une édition complète.

Les *OEuvres poétiques* de VILLON lui ont mérité ces éloges honorables; ses *œuvres criminelles* lui avaient mérité la potence. Pourquoi n'avoir pas rendu également justice à ses bonnes et à ses mauvaises œuvres ?

Les grands fripons ont ordinairement de grands TALENS, et les pervers sont d'autant plus dangereux qu'ils ont plus de TALENS pour exercer leur charge et abuser de l'autorité qu'on leur confie. Que les souverains s'en souviennent!

Les grands TALENS de Pépin d'Héristal et de Charles Martel ont-ils été très-utiles aux princes Mérovingiens qu'ils ont détrônés, et dont ils étaient les premiers serviteurs?

Les grands TALENS de Luther récompensèrent, par la destruction d'une partie des couvents de leur ordre, les *Augustins* qui l'avaient appelé pour défendre leurs priviléges.

Les papes, les rois ont-ils eu beaucoup à se féliciter des grâces et des honneurs dont ils ont comblé, en tout temps, les grands TALENS des philosophes, des savans et des artistes?

Les grands TALENS, ou au moins la réputation qu'ils en avaient avant d'avoir été mis en évidence, des Turgot, des d'Estaing, des Necker, des Calonne, des Loménie ont-ils rendu plus florissant le règne de Louis XVI, qui s'en était entouré? et les grands TALENS des révolutionnaires et de Buonaparte ont-ils rendu la France plus heureuse?

Qui que vous soyez, méfiez-vous des grands TALENS! ils vous mèneront loin, si vous leur accordez trop de confiance.

www.ingramcontent.com/pod-product-compliance
Lightning Source LLC
Chambersburg PA
CBHW051332060726
47596CB00004B/1578